Elvig Hansen

Um den Apfelbaum

Natur entdecken
Tiere erleben

Arena

Natur entdecken
Tiere erleben

Lieferbare Titel:

Um den Apfelbaum
Auf der Wiese

Geplante Titel:

Entlang der Hecke
Am Waldsee
Auf dem Blatt
Im hohlen Baum
Im Schilf
Wenn Vögel sterben
Unter der Wiese

1. Auflage 1979

Die Originalausgabe erschien in Dänemark unter dem Titel ›Omkring æbletræt‹
Aus dem Englischen von Eva M. Späth

Satz und Filme:
Fotosatz Service Weihrauch Würzburg
Printed in Denmark
ISBN 3 401 03866 4

Inhalt

Der Apfelbaum im Frühlingssonnenschein

In unserem Garten steht ein Apfelbaum. Schon über vierzig Jahre steht er da. Aber trotz dieses hohen Alters trägt er noch jedes Jahr ein paar Kisten voller Äpfel.
In dieser Geschichte wird erzählt, was sich im Laufe eines Jahres alles in einem Apfelbaum und in seiner Umgebung abspielt. Daß dabei unser Gravensteiner Apfelbaum im Mittelpunkt steht, ist ganz zufällig; es könnte auch jeder beliebige andere Apfelbaum sein.
Die Geschichte beginnt an einem der ersten warmen Frühlingstage im Mai. Die Frühlingssonne hat im April den Boden aufgewärmt. Die Wurzeln des Apfelbaums haben begonnen, Wasser und Nährstoffe aus der Erde zu saugen. Und jetzt strömt ständig Wasser und Nahrung vom Boden aus

durch den Apfelbaum. Das Wasser verdunstet durch die Blätter und verflüchtigt sich in der Luft.
Die Wirkung dieser reichlichen Wasser- und Nahrungsaufnahme wird an unserem Apfelbaum sichtbar: Die Knospen und Blätter wachsen jeden Tag ein kleines bißchen. Und im Verlauf einer Woche sind die Spitzen der Knospen rot geworden. Noch ein paar Tage später steht der Baum in voller Blüte.

Der Apfelblütenstecher

Ein Regenschauer enthüllt die Anwesenheit eines Gastes in unserem Apfelbaum. Unter einer der Blüten hängt ein brauner Regentropfen. Das bedeutet, daß eine Larve in der Blüte lebt und an ihr herumnagt. Der Regen hat die abgenagten Reste in der Blüte aufgelöst und den Tropfen braun gefärbt. Wenn man die Blütenblätter abzupft, kann man sehen, daß es sich um die Larve des Apfelblütenstechers handelt.

Ungefähr vierzehn Tage vorher hat der weibliche Käfer die jungen Knospen aufgesucht. Er hat mit seiner langen Nase ein Loch in die Knospe

gebohrt und Eier hineingelegt. Insgesamt legte der Käfer ungefähr fünfzig Eier, aber nur je eines in eine Knospe. Und jetzt ist die Larve aus dem Ei geschlüpft. Während der vergangenen drei Wochen hat sie die ganzen Staubgefäße der Blüte aufgefressen. Noch viele andere Blüten sehen ganz ähnlich aus. Wenige Tage später bilden die Blütenblätter eine gelblichbraune Kapuze, die die Larve bedeckt. Nach drei Wochen verpuppen sich die Larven in den geschlossenen Blütenkapuzen.

Und nach einer weiteren Woche schlüpfen die jungen Apfelblütenstecher aus ihren Puppen und bohren sich einen Weg aus der Schutzhülle der Blütenblätter heraus. Dann leben sie für eine Weile im Apfelbaum und fressen kleine Fenster in die Blätter. Im Juli hören die Käfer auf zu fressen und suchen sich einen Platz zum Überwintern in den Rindenritzen der Apfelbaumzweige.

Aus den Blüten, deren Staubgefäße die Käferlarven gefressen haben, können keine Äpfel werden.

Die Apfeltriebmotte

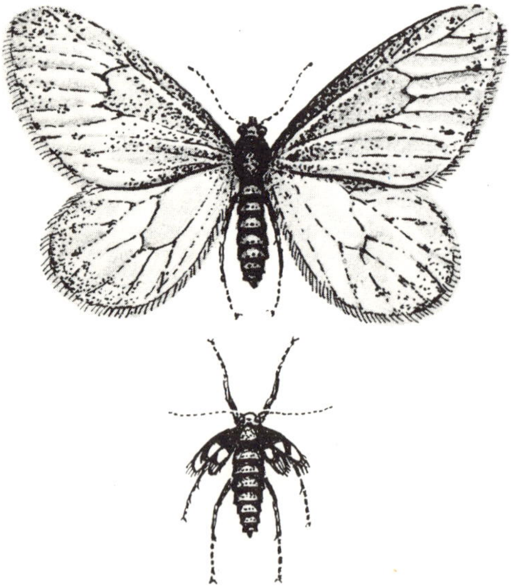

Auch aus vielen anderen Blüten werden keine Äpfel. Mitte April sind überall Schwärme von kleinen, hellgrünen Larven zu sehen. Das sind die Larven der Apfeltriebmotte, die jetzt alle aus ihren Eiern schlüpfen. Die Apfeltriebmotte ist ein kleiner graubrauner Falter mit einer Flügelspannweite von drei Zentimetern. Die Flügel des Weibchens sind allerdings nur ein paar Millimeter breit, so daß es überhaupt nicht fliegen kann.
Ende Oktober ist das Weibchen in den Apfelbaum geklettert, wo es gleich von einer großen Schar von Männchen umgeben ist. Nach der Paarung hat das Weibchen seine Eier auf die dünnsten Zweige des Baumes gelegt. Beim Aufbrechen der Blüten

sind die Larven aus den Eiern geschlüpft und haben sich einen Weg ins Innere der Blüten hineingefressen. Für den Apfelbaum hat das eine schlimme Wirkung. Blätter und Blüten sind zerfressen, durchlöchert und ineinander verwickelt. Es ist ein trauriger Anblick.

Anfang Juni sind die Larven ausgewachsen. Dann seilen sie sich an einem dünnen Faden, den sie selbst spinnen, zum Boden ab. Sie graben sich in die Erde unter dem Apfelbaum ein. Dort verpuppen sie sich. Und erst im Spätherbst kommen sie wieder ans Tageslicht, jetzt als voll ausgebildete Apfeltriebmotten. Dann legen sie erneut Eier in den Apfelbaum.

Natürlich ist die Apfeltriebmotte nicht gerade der beste Freund des

Gärtners. Aber dafür gibt es andere Lebewesen, die ganz begeistert sind von den vielen hellgrünen Larven im Apfelbaum; die Spatzen nämlich, die Meisen, Grasmücken und Zaunkönige.
Die Kohlmeisen und Hausspatzen sind ganz besonders gierig. Sie sitzen von morgens bis abends in den Ästen des Apfelbaums und durchsuchen Blüten und Blätter nach Larven. Aber die Falterlarven finden immer irgendwo ein Hintertürchen, durch das sie entwischen können, wenn ihnen Gefahr droht. Eine Larve sitzt zum Beispiel in einem eingerollten Blatt. Wenn nun ein Vogel seinen Schnabel auf der einen Seite in das Blatt hineinsteckt, schlüpft sie am anderen Ende hinaus und läßt sich an ihrem dünnen Faden zu Boden gleiten. Ist die Gefahr vorüber, klettert die Larve an ihrem Faden zurück in das Blatt. Und dort frißt sie dann munter weiter.
Aber eine Larve muß schon sehr flink sein, wenn sie nicht als Vogelfutter enden will. Und meistens nützt auch das nichts: Unsere Larve wird kurze Zeit später trotzdem vom Schicksal ereilt. Eine Kohlmeise kommt vorbei und schnappt sie blitzschnell weg.

Als der Nachbar Gift spritzte

Der größte Teil der Larven wird von den Kohlmeisen gefressen. Für den Gärtner ist das sehr gut.
Die Kohlmeisen brauchen eine ganze Menge Larven, denn sie haben ein Nest voll hungriger Jungen. Die Kleinen werden mit weichen Insekten gefüttert – zum Beispiel mit Falterlarven – und der größte Teil ihrer Nahrung sind die Larven der Apfeltriebmotte. Eine einzige Meisenfamilie verzehrt eine gewaltige Anzahl von Larven. Zwischen dem Schlüpfen der fünf Jungen und ihrem Flüggewerden vergehen 41 Tage; in dieser Zeit bringen die Eltern zwischen 8 000

und 10 000 Larven zum Nest ihrer Jungen oben im Baum.
Die Vögel stellen den besten Schutz vor einer Ungezieferplage dar: man könnte das biologische Kriegführung nennen. Dies ist die Selbstkontrolle der Natur, die keine Gefahr für andere Tiere darstellt, außer für die Larven selbst natürlich.
Aber im letzten Jahr ging die Sache schief. Damals waren wirklich Schwärme von Larven im Apfelbaum, und unsere Kohlmeise hatte ihr Nest voller Jungen. Im Garten unseres Nachbarn waren die Apfelbäume mit Insektengift gespritzt, und zwei Tage später lagen alle Jungen unserer Meise tot im Nest.
Sie waren mit vergifteten Falterlarven von den Apfelbäumen unseres Nachbarn gefüttert worden.
Das Sprühen mit Insektengift trifft leider nicht nur die ›Feinde‹, sondern auch die Freunde!

Keine Bienen – keine Äpfel!

Die Sonne scheint warm, es ist schönes, mildes Frühlingswetter. Die Apfelblüten, die weder der Apfelblütenstecher noch die Larven der Apfeltriebmotte zerstört hatten, sind jetzt voll aufgeblüht. Der Apfelbaum verschwindet fast völlig unter seinem Kleid aus blaßrosa Blüten.

Wir können ein deutliches Summen im Baum hören – den Singsang der fleißigen Honigbienen, die von Blüte zu Blüte fliegen. Sie besuchen jede einzelne Blüte. Die Bienen sammeln Nahrung für ihre Larven zu Hause im Bienenstock. Sie strecken ihre langen Rüssel tief in die Blüten und saugen den Nektar heraus. Und wie die Bienen so von Blüte zu Blüte fliegen, bleibt immer ein bißchen gelber Pollen von den Staubgefäßen der Blüte an ihnen hängen. Bei der nächsten Blüte streifen sie den Staub ab und nehmen neuen mit – und so weiter den ganzen langen Tag. So befruchten die Bienen die Blüten des Apfelbaums, ohne es zu merken. Und wenn eine Blüte keinen Pollen abbekommt, kann aus ihr auch kein Apfel werden.

Regen und Kälte

Nachdem die Bienen drei bis vier Tage im Apfelbaum gesummt haben, kommt ein plötzlicher Wetterumschwung. Nach Sonnenschein und Wärme von sechzehn bis achtzehn Grad fällt die Temperatur auf nur noch ungefähr acht Grad, und gleichzeitig beginnt es heftig zu regnen.
Das ist gar nicht gut; weder für die Bienen noch für die Blüten.
Der Regen peitscht die Blüten vom Baum. Ein ganzer Teppich weißer Blütenblätter bedeckt den Boden und das schwarze Teerdach der Garage. Unter den abgefallenen Blütenblättern liegen auch viele Bienen, die den Regen und die Kälte nicht ausgehalten haben und sterben. Wenn es kälter als acht Grad wird, erstarren die Flugmuskeln der Bienen vor Kälte. Dann können sie nicht mehr fliegen. Der Regen schlägt sie vom Baum, und am Boden ertrinken sie in den Pfützen, die der heftige, eiskalte Regen zurückgelassen hat.

Die rote Apfelblattlaus

Zum Glück geht das kalte Wetter schnell vorüber. Anfang Juni wird es richtig Sommer.

Und jetzt leben massenhaft winzige Tierchen in unserem alten Apfelbaum. Sie sitzen auf der Unterseite der äußeren Blätter und saugen den Saft aus ihnen heraus. Die Blätter sind schon ganz zerknittert und zerschrumpelt. Die winzigen Tiere sind rote Apfelblattläuse. Sie sind nur ungefähr zwei Millimeter lang. Aber dafür sind es so viele, und es werden ständig noch mehr ... Denn hier und dort auf den Blättern sitzen die weiblichen Blattläuse und gebären Schwärme von Jungen. Kaum ist ein Junges auf das Blatt gesetzt, kommt schon das nächste. Ungefähr zwanzig Minuten vergehen jedesmal, bis das Weibchen ein neues Junges gebiert. Und sobald die neugeborene Blattlaus auf einem Blatt sitzt, stößt sie ihren kleinen Rüssel hinein und beginnt zu saugen. Jedes Weibchen bringt in drei Tagen ungefähr vierzig Junge zur Welt. Und wenn diese Jungen gerade acht Tage alt sind, beginnen sie schon selbst, sich zu vermehren. So wachsen die Blattlausfamilien mit ungeheurer Geschwindigkeit auf den Blättern des Apfelbaums.

Blattläuse und Marienkäfer

Die Blattläuse vermehren sich gewaltig dank des warmen Wetters. Und sie beginnen, an immer mehr Blättern zu saugen. Viele Blätter des Apfelbaumes sind jetzt schon zerschrumpelt. Auch junge Triebe sind verunstaltet und verkümmert.

Aber obwohl sie so viele sind, gelingt es den Blattläusen nicht, den Apfelbaum ganz zu zerstören. Auf der Unterseite eines einzigen Blattes kann man bis zu 400 oder 500 Läuse verschiedener Größe finden. Die größten sind die erwachsenen Weibchen. Neben ihnen gibt es junge Blattläuse der verschiedensten Altersstufen. Die ältesten sind ungefähr acht Tage alt. Einige sind vier Tage alt, einige zwei Tage, einige sind neugeboren.

Von den Marienkäfern werden die Blattläuse sehr schnell entdeckt. Sie ernähren sich nämlich von Blattläusen. Und dabei gibt es hier noch viel mehr Blattläuse, als die Marienkäfer verzehren können. Gerade deshalb ist es ein günstiger Ort für sie, um ihre Eier zu legen.

Ihre Larven werden jede Menge Nahrung vorfinden, sobald sie aus den Eiern schlüpfen.

Die Marienkäfer bekommen Nachwuchs

Jetzt fangen die Marienkäfer an, Eier zu legen. Die Eier werden sowohl auf den Oberflächen wie auch auf den Unterseiten der Blätter abgelegt. An manchen Stellen liegen nur ein paar Eier, an anderen zwanzig bis dreißig Stück in einem Häufchen. Die Eier stehen aufrecht und sehen wie ein Büschel Bananen aus – abgesehen von der Größe natürlich. Sie sind nur zwei Millimeter lang. Nach wenigen Tagen hat jeder Marienkäfer ungefähr 140 Eier gelegt. Eine Woche später haben die Eier eine dunkle Spitze bekommen. Das sind die kleinen Marienkäferlarven, die sich aus ihrer Eierschale herausbeißen. Nach einer Stunde haben die Larven die Schale durchbissen und ragen halb aus dem Ei heraus. Eine weitere Stunde später haben sie sich ganz befreit.

Dann lassen sie sich bei ihren leeren Eihülsen nieder und knabbern an ihnen herum. Den ganzen ersten Tag sind die Larven damit beschäftigt, ihre Eierschalen aufzufressen. Aber dann zerstreuen sie sich in alle Richtungen. Denn jetzt ist es Zeit, Nahrung zu suchen.

Am Vormittag finden die Marienkäferlarven nicht viel Futter. Das einzige sind ein paar einzelne Blattläuse, die auf einem Blatt herumlaufen. Aber gegen Abend finden ein paar von ihnen zufällig ein Häufchen Marienkäfereier mit noch ungeschlüpften Larven. Sofort beginnen die neugeborenen Larven, die Eier anzuknabbern. Aber sie fressen nicht nur die Eierschalen; nein, auch die Larven im Ei erleiden dieses grausame Schicksal! – Die Larven sind echte Kannibalen.

Am nächsten Tag finden die Marienkäferlarven eine Blattlauskolonie auf der Unterseite eines geschrumpelten Blattes. Eine der Larven fällt mitten in eine Herde winziger, rosaroter Babyblattläuse. Sie haben gerade die richtige Größe für eine kleine Marienkäferlarve. In nur wenigen Minuten hat die Larve eine Blattlaus verzehrt. Nur deren Haut bleibt übrig. Auf dem Blatt ist ausreichend Nahrung für einige Tage. Die Larve beginnt am einen Ende und bleibt auf dem gleichen Blatt, bis keine Läuse mehr übrig sind.

Honigtau, die Ausscheidung der Blattläuse

Noch ein anderes Tier widmet den Blattläusen seine ganze Aufmerksamkeit: ein kleiner brauner Käfer, gerade drei bis vier Millimeter lang. Das ist der Blattlauskäfer. Er krabbelt auf den Blättern herum, immer auf der Suche nach Blattläusen. Wenn er eine Laus findet, rennt er zielstrebig auf sie zu und bohrt seinen langen starren Rüssel direkt in den Magen seines Opfers. Hat der Käfer seine Mahlzeit beendet, ist nur noch die leere Haut der Laus übrig.

Es gibt noch mehr Lebewesen, die auf die Blattläuse angewiesen sind. Aber sie fressen nicht die Läuse selbst, sondern lecken deren Ausscheidungen auf. Diese sind kleine Tropfen einer süßen, klaren Flüssigkeit, die Honigtau genannt wird und für viele Insekten ein Leckerbissen ist.

Der Honigtau der Blattläuse fällt auf die Blätter, die davon allmählich glänzend und ölig werden. Fliegen und Hummeln kommen, um den Honigtau von den Blättern zu lecken.

Auch die Ameisen mögen den Honigtau sehr gern. Aber sie lecken ihn nicht von den Blättern auf. Sie wollen ihn direkt von den Blattläusen serviert bekommen. Und so kann man Ameisen beobachten, die über eine Blattlaus gebeugt stehen und ihr mit den Fühlern den Rücken kitzeln, um den Honigtau herauszulocken. Wenn die Ausscheidung sichtbar wird, verschlingen die Ameisen sie gierig. Die Ameisen melken die Blattläuse. Aber sie sind ihnen auch dienlich: Sie beseitigen nämlich die klebrige Ausscheidung, so daß sie den Blattläusen selbst nicht hinderlich ist.

Die Ameisen helfen den Blattläusen

Die Ameisen sind so begierig auf Honigtau, daß sie sogar die Blattlauskolonien gegen deren Feinde verteidigen. Die Ameisen werden wütend, wenn ihnen jemand ihre ›Milchkühe‹ stehlen will.

So werden die Marienkäfer und ihre Larven ganz besonders ›herzlich‹ empfangen, wenn sie in eine Blattlauskolonie eindringen wollen, die von Ameisen besetzt ist. Wutentbrannt greifen die Ameisen die Eindringlinge an, beißen sie in die Beine und besprühen sie mit ihrem giftigen Urin. Nur wenige der Feinde können diesem Empfang standhalten. Und meist gelingt es den Ameisen auch, die Marienkäfer und ihre Larven von den ›Milchkühen‹ zu vertreiben.

Apfelwickler

Dunkelheit legt sich über den Garten. Das grüne Laub des Baumes sieht jetzt gar nicht mehr grün aus, sondern hebt sich schwarz vom Abendhimmel ab.
Es ist Ende Juni, gegen halb zehn Uhr abends. Und genau um diese Zeit kommen nächtliche Gäste, um dem Apfelbaum einen Besuch abzustatten. Die Besucher sind Apfelwickler, kleine graubraune Falter, nur etwa zwei Zentimeter lang.
Wenn man durch die Zweige des Apfelbaums nach oben schaut, kann man drei oder vier Falter darin herumflattern sehen. Sie huschen so unglaublich flink und aufgeregt hin und her, daß es schwierig ist, ihnen mit den Augen zu folgen. Immer wieder verschwinden sie und tauchen ebenso plötzlich wieder auf. Sie sind auf der Suche nach einem geeigneten Platz, wo sie ihre Eier legen können.
Ab und zu sieht man auch einen kleinen Vogel, der diese flinken Falter im Apfelbaum jagt. Es ist das Rotschwänzchen, das immer so spät abends auf Jagd geht.
Andere Apfelwickler fliegen in Spinnennetze, die zwischen den Zweigen des Baumes aufgespannt sind. Tagsüber halten sich die Falter unter Blättern versteckt oder in Rindenritzen. Sie legen ihre Eier auf die Äpfel. Einzelne Äpfel, die nicht unter Blättern verborgen sind, bekommen die mei-

sten Eier. Man kann oft bis zu sechs oder sieben Eier auf einem solchen Apfel zählen. Gleich nach dem Legen sind die Eier ganz flach und durchsichtig. Es ist schwierig, sie überhaupt zu entdecken. Am nächsten Tag wird ein roter Ring im Ei sichtbar. Und drei Tage später ist es ganz schwarz. Nach Größe und Farbe sieht es jetzt fast wie Fliegendreck aus. Nach sechzehn Tagen schlüpft die Larve aus dem Ei. Sie kriecht durch den Blütenansatz des Apfels bis ins Kernhaus. Hier beginnt sie, die noch weichen grünen Kerne anzunagen. Die Apfelwicklerlarve hat ihr Ziel erreicht. Nur hier im Kerngehäuse kann sie wachsen und sich entwikkeln.

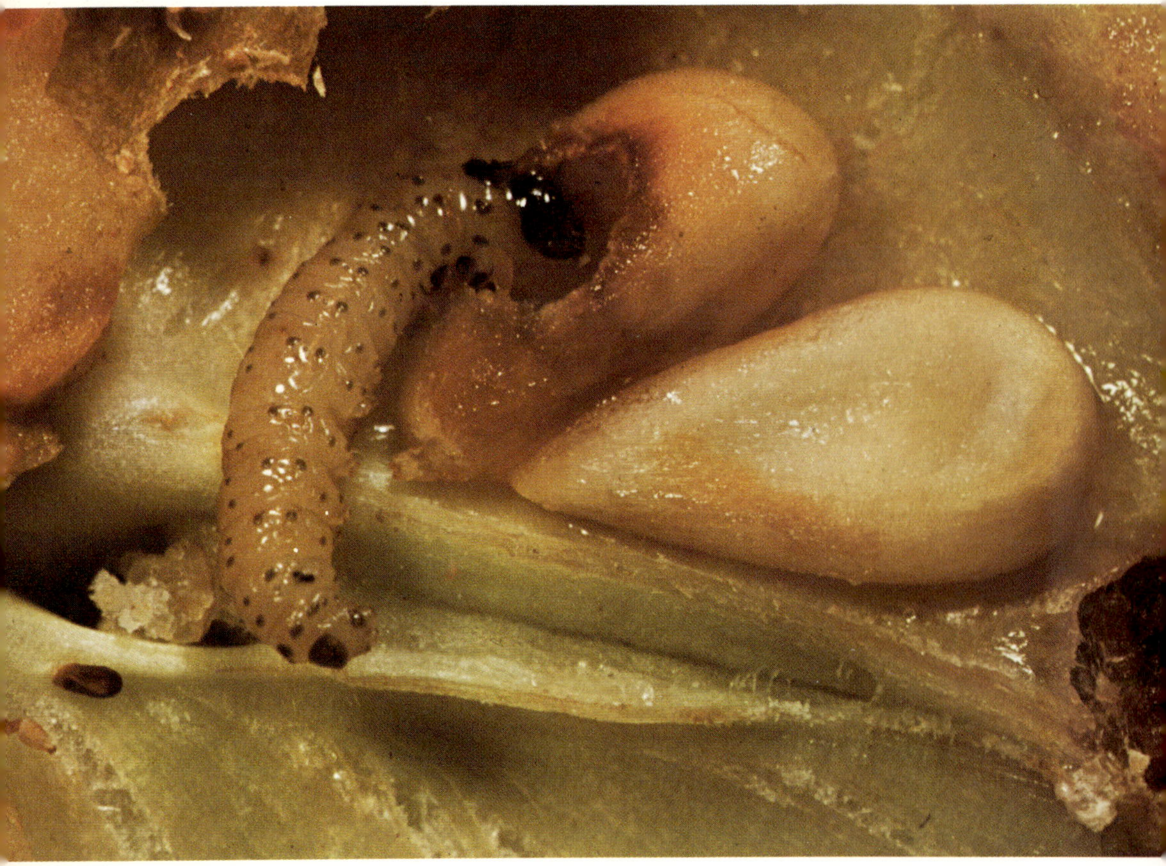

Die Mücke und die Blattlaus

Auf einem Blatt sitzt eine Mücke und saugt an einer Blattlaus. Anfangs ist die Mücke ganz mager, aber je länger sie saugt, um so mehr schwillt ihr Körper an, und sie wird ganz grün.
Nach zwei Stunden geschieht plötzlich etwas Unerwartetes. Ganz heimlich und leise schlüpft die Blattlaus aus ihrer alten Haut. Die Blattlaus sieht ganz munter und unversehrt aus. Sie krabbelt einfach weg.
Die Mücke hat nicht den leisesten Verdacht, daß irgend etwas nicht in Ordnung ist. Sie saugt weiter an der alten, abgelegten Haut. Eine halbe Stunde lang. Und dann fällt sie tot um. Warum? Vielleicht hat die Mükke all den grünen Pflanzensaft nicht vertragen, den die Blattlaus in ihren Körper aufgesaugt hatte. Oder vielleicht gibt es auch einen ganz anderen Grund.
Wir wissen es nicht.

Die Marienkäferlarven werden erwachsen

Die Marienkäferlarven haben schwere Breschen in die Stellungen der Blattlausbevölkerung geschlagen. Die Larven sind gewaltig gewachsen. Sie sind jetzt dick und ausgewachsen. Vierzehn Tage lang haben sie Blattläuse gefressen, und zwar 24 Stunden am Tag. Jede Larve hat ungefähr zwei- bis dreitausend Blattläuse vertilgt.

Eine nach der anderen kleben sich jetzt die Larven an den Blättern fest – meistens an der Blattspitze und nach Möglichkeit auf der Oberseite.

Hier findet die Verwandlung von der Larve zur Puppe statt. Nach ungefähr acht Tagen Verpuppung platzt die Haut der Puppe und ein neuer Marienkäfer kommt heraus.

Er sieht aber noch nicht wie ein richtiger Marienkäfer aus: Er ist gelb und hat keine schwarzen Punkte.

Aber nach einer Stunde ist der Käfer orange mit grauen Punkten. Und nach einer weiteren Stunde ist er richtig rot und hat sieben schwarze Punkte. Jetzt ist er ein erwachsener Marienkäfer.

Die Speisekammer ist leer

Die Blattläuse haben jetzt den Baum verlassen. Das ist eine böse Überraschung für die Marienkäfer. Noch immer gibt es einige unter ihnen, die noch nicht groß genug sind, um sich zu verpuppen. Und ihre bisherige Nahrung ist einfach auf und davon. Was sollen die Marienkäferlarven da bloß tun?
Eine hungrige Larve sucht ein Blatt nach dem anderen ab, um etwas Eßbares zu finden. Es gibt aber keine Blattläuse mehr. Auf einmal stößt sie auf eine andere Marienkäferlarve. Diese Larve hat sich gerade an einem Blatt festgeklebt und angefangen, sich einzupuppen. Die hungrige Larve greift sie sofort an. Und obwohl die Puppe sich nach allen Richtungen verdreht, um den Angreifer abzuschütteln, nützt ihr das gar nichts. Die Larve hat sich in die noch weiche Puppe verbissen und läßt nicht mehr los. Die ganze Nacht nagt die hungrige Larve an der Puppe. Doch die Puppenhaut wird von Stunde zu Stunde härter. Und schließlich, am nächsten Nachmittag, kann die Larve die inzwischen ganz verhärtete Puppenschale nicht mehr durchbeißen. Eine

Stunde später sind sie beide, die Larve wie die Puppe, vom Blatt verschwunden: eine Kohlmeise hat sie aufgefressen.

Die Grünen und die Sauren ...

Es ist jetzt Monat Juli. Die Äpfel wachsen schnell. Manche sind so groß wie ein Hühnerei. Überall leuchten sie hellgrün aus dem dunkelgrünen Laub. Aber nicht alle Äpfel sind so groß. Viel zu viele sind nicht größer als Walnüsse.

Eines Abends, als es sehr windig wird, kann man vom Wohnzimmer aus die Äpfel fallen hören. Mit einem leisen Plumpsen schlagen sie auf den harten Boden. Einer nach dem anderen.

Am nächsten Morgen liegen massenhaft kleine grüne Äpfel unter dem Baum. Dies ist auch die Schuld der kleinen Apfelbewohner, die an den Früchten genagt und gesaugt haben. Die angegriffenen Äpfel sind vertrocknet und viel zu schnell gereift. Die Apfelstiele sind schwach geworden und sitzen nicht mehr fest am Zweig. Die kleinen grünen Äpfel am Boden sind nicht besonders verlokkend. Sie haben keinen Duft und schmecken sehr sauer. Als am Abend der Igel am Apfelbaum vorbeikommt, schnuppert er an den grünen Äpfeln und versucht, sie anzubeißen, aber sie sind zu hart.

So bleiben die kleinen grünen Äpfel liegen; niemand will sie essen. Sie liegen da und vertrocknen, werden runzlig und schrumpfen jeden Tag ein kleines bißchen mehr zusammen.

Die Verwurmten …

Oben im Baum fühlt sich die kleine rosa Larve des Apfelwicklers sehr wohl. Im Lauf eines Monats hat sie alle Apfelkerne aufgefressen und ist jetzt ausgewachsen. Um ihre Ausscheidungen loszuwerden, hat die Larve einen Gang durch den Apfel ins Freie genagt. Durch dieses Loch schiebt sie ihre ›Abfälle‹ nach draußen. Wenn sie alle Kerne verzehrt hat, verläßt sie selbst durch diesen Gang den Apfel und seilt sich an einem dünnen Faden zum Boden ab. Die Larve gräbt sich ein kleines Loch in den Erdboden und spinnt sich darin ein. Hier in der Erde verbringt sie den ganzen Winter. Nicht vor April oder Mai des nächsten Jahres verpuppt sich die Larve. Und im Juni, wenn wieder kleine grüne Äpfel im Baum hängen, wird der neue Apfelwickler aus seiner Puppe schlüpfen.
Aber den Äpfeln, deren Kerne die Larven gefressen haben, geht es gar nicht gut. Die Larve ist durch den Blütenstand in den Apfel hineingekrochen, hat sich durch den ganzen Apfel hindurchgefressen und ist beim Stiel wieder herausgekommen. Das bedeutet, daß die Luft jetzt freien Zugang zum Innern des Apfels hat: es herrscht Zugluft im Apfel. Dadurch trocknet er aus und reift vorzeitig. Schließlich fällt er vom Baum hinunter zu den anderen Äpfeln. Nach einiger Zeit liegt ungefähr die Hälfte aller Äpfel am Boden. Viele von ihnen zeigen die Spuren, die die Apfelwicklerlarven zurückließen. Legt man die Äpfel mit dem Stiel nach oben nebeneinander, so kann man sehen, mit welch erstaunlicher Genauigkeit die Wurmlöcher in die Äpfel gebissen worden sind. Alle Larven haben ihr Loch etwa zwei Zentimeter vom Stiel entfernt in den Apfel genagt.
Der Apfelwickler hat damit der Apfelernte ganz erheblichen Schaden zugefügt.

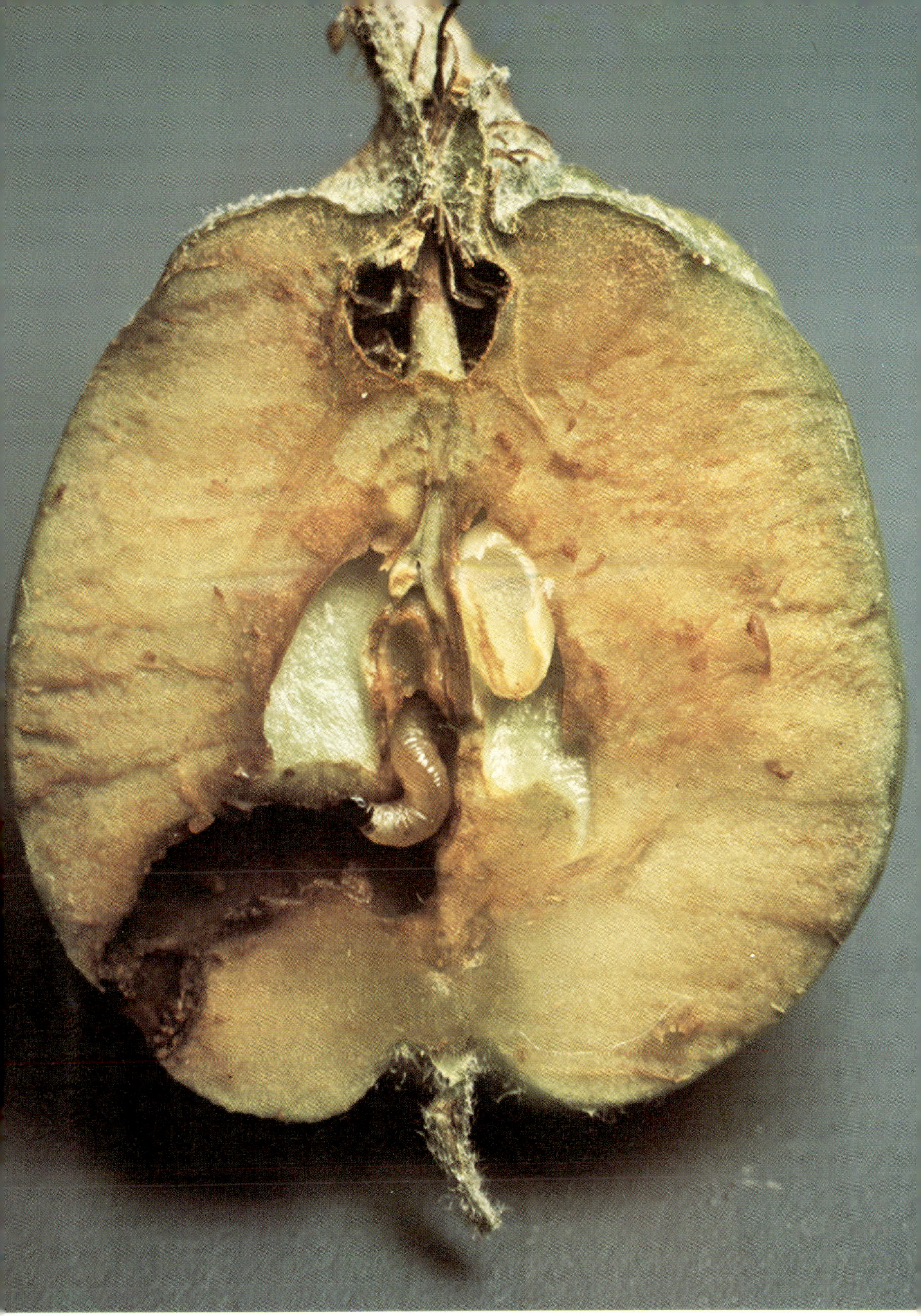

Die Roten und die Süßen ...

Mitte August sind die Äpfel ausgewachsen. Sie haben allmählich die richtige Gravensteiner Farbe bekommen: ein warmes Gelb mit roten Streifen.

Eine Anzahl verwurmter Äpfel fällt immer noch zu Boden. Aber jetzt sind sie rot und gelb. Sie sind voller Süße und duften verlockend. Die Farbe und der Duft locken viele Tiere an.

Es ist eine emsige Zeit für die Wespen. Sie fangen gerne an einem Wurmloch zu fressen an. Von hier aus nagen sie tiefe Löcher in den Apfel.

Fliegen, die auch einen Happen abbekommen wollen, werden weggejagt. Aber haben die Wespen sich erst einmal in den Apfel eingegraben, bemerken sie eine Fliege gar nicht mehr, die ihren Rüssel in den saftigen Rand des Loches bohrt und ein bißchen vom süßen Apfelsaft stiehlt.

Auch die Marienkäfer mögen diese süßen Äpfel. Sie bevorzugen die Stelle, wo die Apfelwicklerlarven ihre Ausscheidungen aus dem Apfel hinausgeschoben haben. Da es für die Marienkäfer keine Blattläuse mehr zur Nahrung gibt, sind sie dankbar für diese süßen Wurmabfälle.

Die Wespen würden auch die Marienkäfer gerne verjagen, aber das gelingt ihnen nicht. Sie sind unangreifbar. Die Marienkäfer verbergen einfach Kopf und Beine unter dem roten Panzer ihrer harten Chitinflügel und sind dann bestens geschützt.

Und die Bösartigen ...

Ein Teil der Falläpfel wird aufgesammelt. Man kann daraus Backäpfel für die Familie machen und auch Apfelmus. Meine Frau sagt immer, Falläpfel seien die besten von allen. Und sie hat zweifellos recht damit. Alle anderen Äpfel sind längst nicht so süß und saftig wie diese. Auch Hanne will einen probieren. Aber plötzlich schreit sie laut auf und wirft den Apfel weit von sich. Sie hat die Wespe in ihrem Apfel übersehen und ist von ihr in den Daumen gestochen worden.
In den nächsten Tagen ist Hanne besonders vorsichtig beim Äpfeleinsammeln. In fast allen Äpfeln kann man nämlich Wespen beim Schmaus finden.

Der Igel und die Kröte

Am Abend, wenn es ganz dunkel geworden ist, kann man ein paar Nachttiere zwischen den gefallenen Äpfeln beobachten. Das erste ist die Kröte. Bei ihrem nächtlichen Streifzug auf Nahrungssuche hat sie entdeckt, daß es hier von Bohrasseln nur so wimmelt. Die Asseln selbst haben schon Wochen vorher festgestellt, daß die Äpfel durchaus nicht zu verachten sind. Und Bohrasseln sind ein schmackhafter Happen für eine hungrige Kröte.

Dann kommt der Igel und stupst mit seiner Nase gegen die Äpfel. Man kann sein Schmatzen hören; auch er mag Bohrasseln sehr gerne.
Noch lange sitzt er dort zwischen den leuchtendgelben Äpfeln und tut sich an den Bohrasseln gütlich.

Der junge Igel und die Kröte

Eines Abends treffen sich der junge Igel und die Kröte unter dem Apfelbaum. Sie sind beide gekommen, um sich den leeren Magen mit einer Ladung Bohrasseln zu füllen. Sie kommen sich immer näher und sind schließlich kaum noch zwanzig Zentimeter voneinander entfernt.
Plötzlich sieht der Igel die Kröte. Er läuft auf sie zu und schnuppert einen Augenblick lang an ihr. Dann beißt er nach dem Fuß der Kröte. Aber im selben Augenblick macht sie einen Sprung. Wieder kommen sie sich näher. Wieder schnuppert der Igel an der Kröte. Und dann packt er sie mit seinen Zähnen am Kragen. Die Kröte wird fast umgeworfen von diesem Angriff. Jetzt hat sie genug. Mit einem großen Satz springt sie davon.

Drei oder vier weitere Sprünge bringen sie in Sicherheit.
Der junge Igel rennt aufgeregt herum und sucht nach der Kröte. Offensichtlich kann er nicht begreifen, was für ein seltsames Wesen das ist, das einmal da ist und im nächsten Augenblick schon wieder spurlos verschwindet.

Diesmal lernt der junge Igel jedenfalls noch nicht, daß Kröten keineswegs gut schmecken.

Ameisen und Bohrasseln

Mitte September ernten wir die Äpfel, die noch auf dem Baum verblieben sind. Es sind nicht mehr sehr viele, aber immerhin noch genug, um ein paar Kisten zu füllen, die wir in unseren Keller bringen. Die Falläpfel lassen wir draußen liegen. Wespen, Marienkäfer und Fliegen tun sich an den Äpfeln gütlich, die in der Sonne liegen.

Wenn man sich die Äpfel näher anschaut, die ins hohe Gras gefallen sind, wo es schattiger und feuchter ist, findet man noch andere Tiere mit den Äpfeln beschäftigt: Es ist ein gutes Klima für Bohrasseln und Ameisen.

Wenn ein Apfel vom Baum fällt, platzt er oft auf, und es entsteht ein etwa zwei Zentimeter langer Riß, aus dem Saft heraustropft. Und darauf stürzen sich die Ameisen in Scharen. Man kann leicht zwanzig oder dreißig Ameisen in einem einzigen Apfelspalt finden. Die Ameisen trinken den süßen Saft.

Auf der anderen Seite des Apfels, die dem Boden zugekehrt ist, sind die Bohrasseln am Werk. Sie nagen den Apfel am liebsten von unten her an, wo es dunkel und feucht ist.

In so einer ›Asselhöhle‹ kann man gut und gern zehn bis zwölf dieser Tiere dicht gedrängt beisammen finden. Und allmählich wird das Loch immer tiefer, und es finden immer mehr Asseln darin Platz. Am Schluß ist der Apfel völlig ausgehöhlt. Die Bohrasseln haben so viel gefressen, daß nur eine dünne Schale übrig geblieben ist; und diese hohle Haut ist fast völlig mit gefräßigen Asseln angefüllt.

Der Ohrwurm, der zu dick wurde

Eines Abends, als es dunkel geworden ist, krabbeln drei hungrige Ohrwürmer in das kleine Wurmloch eines Apfels. Es ist gerade groß genug für sie, um sich hineinzudrängen. Die ganze Nacht sitzen sie da und futtern vor sich hin. Und sie werden dabei immer dicker. Als dann allmählich der Morgen graut, wird es Zeit für die Ohrwürmer, den Apfel zu verlassen und sich ein dunkles Plätzchen zu suchen, in einer Rindenritze oder irgendwo in der Erde. Aber das klappt ganz und gar nicht.

Der erste Ohrwurm versucht gerade, den Apfel auf demselben Weg wieder zu verlassen, auf dem er am vorherigen Abend gekommen ist, aber, o Schreck, er kann nur noch seinen Kopf und Brustpanzer durch das Loch zwängen. Sein Bauch paßt nicht mehr durch, er ist zu dick geworden. Der Ohrwurm windet und krümmt sich. Er versucht auf alle erdenkliche

Weise, aus dem Loch freizukommen. Aber er strengt sich vergeblich an. Er ist rettungslos eingeklemmt und verstopft gleichzeitig den Ausgang.
Am späten Nachmittag kommt Hilfe: Ein Taschenmesser spaltet den Apfel; der dickbauchige Ohrwurm kommt frei und auch seine zwei gefangenen Kameraden.
Wäre es nach dem Lauf der Natur gegangen, dann hätten Wespen oder Ameisen den Ohrwürmern den Garaus gemacht. Oder sie wären früher oder später den Staren zum Opfer gefallen.
Weglaufen konnten die Ohrwürmer nicht, aus verständlichen Gründen.

Stare bei den Äpfeln

Ein früher Morgen Ende September. Die Nachttiere, die zwischen den Äpfeln herumgestreift sind, haben sie schon vor ein paar Stunden verlassen. Sie sind in ihre Verstecke zurückgekehrt und werden den ganzen Tag dort bleiben.
Aber trotzdem ist es ganz lebendig bei den Falläpfeln, und das kann man schon von weitem schallen hören! Ein Schwarm Stare ist über den Garten geflogen. Sie haben die gelbroten Äpfel gesehen und sind zurückgekommen.
Jetzt schreien und kreischen und streiten sie sich um die besten Äpfel. Keiner gönnt dem anderen auch nur das geringste.
Plötzlich erhebt sich der ganze Schwarm flatternd, kreist einmal um

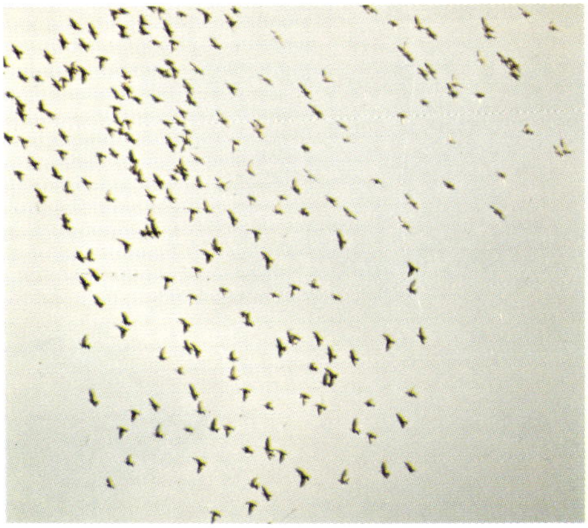

den Garten und landet dann wieder zwischen den Äpfeln. Von da an sind die Stare tägliche Gäste bei den Fallapfeln. Und das kann man sehen. Bald sind fast keine Äpfel mehr übrig. Die wenigen Reste, die noch herumliegen, fangen an zu faulen.

Aber inzwischen ist es auch schon Oktober geworden. Die Blätter des Apfelbaums bekommen gelbe Flekken – der Winter kündigt sich an.

Die Blätter fallen

Immer mehr breiten sich die gelben Flecken auf den Blättern des Apfelbaums aus. Bald ist das Laub ganz gelb. Jetzt erscheinen braune Flecken im Gelb. Und dann fallen die Blätter zu Boden. Nach einiger Zeit liegt eine dicke Laubschicht unter dem Baum. Auf den Unterseiten der Blätter sitzen die Wintermücken und warten auf mildes Wetter. Die Mücken haben so ein schützendes Dach über sich und erfreuen sich gleichzeitig der Wärme des Erdbodens.
Asseln und Tausendfüßler nagen an den welken Blättern; sie fressen die weichen Teile und lassen nur das Gerippe übrig. So werden die Blätter in feine Krümel zersetzt und können schneller zu Kompost vermodern.
An manchen Stellen kann man welke, eingerollte Blätter aufrecht im Boden stecken sehen. Das ist das Werk der Regenwürmer, die die Blätter in ihre Gänge hinunterziehen. Langsam verschwinden die Blätter im Boden. Die Würmer ziehen sie mit kleinen ruckartigen Bewegungen zu sich herunter. Und dann fressen sie die Blätter auf. In der Nacht sammeln sie eifrig neue Blätter und ziehen jeweils ein Ende hinunter in ihre Höhle. So verschwinden allmählich alle Blätter. Auf dem Weg durch den Verdauungstrakt des Wurmes wird das Blatt in Kompost verwandelt. Dieser Kompost enthält wichtige Nährstoffe für den Baum. Auch die Gänge der Regenwürmer sind gut für den Baum. Wenn es regnet, kann das Wasser viel besser in die durchlöcherte Erde einsickern und zu den Wurzeln des Baumes gelangen. Außerdem dienen die Regenwurmkanäle als Entlüftungsschächte. Die Luft kann den Boden hier leicht durchdringen, so daß die Erde niemals sauer und schlecht wird. Asseln, Tausendfüßler und Regenwürmer helfen alle zusammen, um das welke Laub in guten Kompost zu verwandeln. Sie sorgen auf ihre Art für das Wohlergehen des Baumes.

Die letzten Äpfel

An Weihnachten essen wir die letzten Äpfel aus unserer Kiste. An Weihnachten fällt auch der erste Schnee. Er bedeckt den Boden und auch die letzten verfaulten Äpfel.
Im Herbst haben die Amseln und die Wacholderdrosseln die beerentragenden Büsche und Bäume des Gartens leergepickt. Jetzt sind nur noch ein paar verfaulte Äpfel unter dem Schnee übrig. Aber die Amseln und Drosseln finden sogar diese. Lieber nehmen sie mit den alten Äpfeln vorlieb, als zu verhungern. Wo die Drossel an den Äpfeln knabbert, hinterläßt sie auch ihre Abfälle. Wenn man genauer hinschaut, sieht man darin verschiedene Kerne, und unter ihnen auch einen Apfelkern. Das ist nun der allerletzte Rest der wundervollen Äpfel des vergangenen Sommers.

Winter

Es ist mitten im Winter und draußen herrscht bitterer Frost. Dick liegt der Schnee auf den Ästen des Apfelbaums. Alles ist still.

Jetzt zeigt sich nirgends mehr Leben rings um unseren Apfelbaum.

Wohin sind die Tiere nur alle verschwunden, frage ich mich.

Nun, die Kohlmeise, die Spatzen und die Amseln sind noch da – sie können sich nicht zum Winterschlaf verkriechen und diese kalte, harte Jahreszeit einfach verträumen.

Aber der Igel und die Kröte können das, und sie haben sich schon im No-

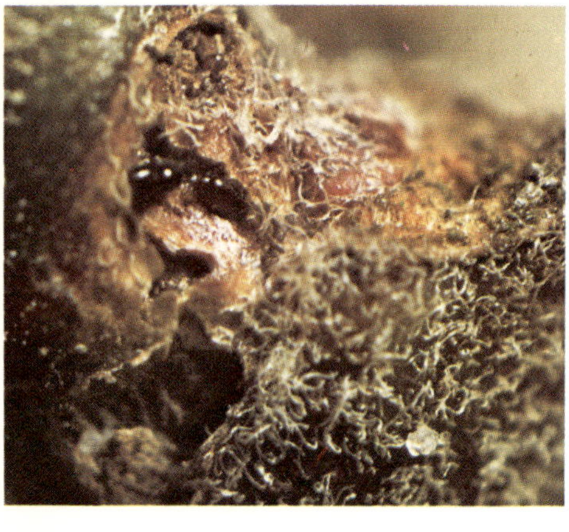

vember in ihre Winterquartiere zurückgezogen. Die Bienen sitzen frierend in ihrem Bienenstock. Die Wespen sind alle tot. Nur die Königin hält Winterschlaf. Sie wird den Winter überleben und im Frühling einen neuen Stamm gründen.
Auch die Marienkäfer, Ohrwürmer und Tausendfüßler halten Winterschlaf. Sie haben sich in Schlitzen und Spalten versteckt. Und unter der Erdoberfläche liegen auch die Ameisen und Regenwürmer und schlafen. Die Apfelwickler und alle Blattläuse sind tot. Aber in der Erde verborgen liegen die Larven des Apfelwicklers bereit, sich zu verpuppen. Wenn die Äpfel dann walnußgroß sind, werden sie als fertige Falter wieder zum Vorschein kommen. Die Apfelblütenstecher sitzen auf den Ästen des Apfelbaums. Und hier sind auch die winzigen schwarzen Eier der Blattläuse. Im Augenblick, wenn die Blüten

wieder aufbrechen, werden auch die kleinen Blattlausbabys schlüpfen.
Alles wartet darauf, daß es wieder Frühling wird. Bald wird das wimmelnde Leben des Apfelbaums wieder von vorne anfangen. Und genau die gleichen Geschehnisse werden sich in und um unseren Apfelbaum wiederholen.
Die gleichen Geschehnisse wie im soeben zu Ende gegangenen Jahr und wie in all den vielen Jahren, die schon vorausgegangen sind.

Index